...niers Éléments des Sciences usuelles
...s les programmes officiels du 27 juillet 1882

LEÇONS DE CHOSES

ZINC, ÉTAIN, PLOMB, CUIVRE

Zinc. — Étain. — Plomb. — Cuivre. — Laiton. — Bronze.
Extraction du Zinc, de l'Étain, du Plomb et du Cuivre

PAR

M. Gaston BONNIER
Agrégé des Sciences physiques, Docteur ès Sciences naturelles,
Maître de Conférences à l'École Normale Supérieure.

ET

A. SEIGNETTE
Agrégé des Sciences naturelles — Professeur au Lycée Fontanes

(AVEC 25 FIGURES DANS LE TEXTE)

PARIS
SOCIÉTÉ D'IMPRIMERIE ET LIBRAIRIE ADMINISTRATIVES ET CLASSIQUES
PAUL DUPONT, Éditeur
41, RUE JEAN-JACQUES-ROUSSEAU (HÔTEL DES FERMES)

1883

N° 5

Premiers Éléments des Sciences usuelles

d'après les programmes officiels du 27 janvier 1882.

LEÇONS DE CHOSES

ZINC, ÉTAIN, PLOMB, CUIVRE

Zinc. — Étain. — Plomb. — Cuivre. — Laiton. — Bronze.
Extraction du Zinc, de l'Étain, du Plomb et du Cuivre.

PAR

M. Gaston BONNIER

Agrégé des Sciences physiques. — Docteur ès Sciences naturelles,
Maître de Conférences à l'École Normale Supérieure

ET

M. A. SEIGNETTE

Agrégé des Sciences naturelles. — Professeur au Lycée Fontanes.

(AVEC 21 FIGURES DANS LE TEXTE)

PARIS
LIBRAIRIE CLASSIQUE ET ADMINISTRATIVE
PAUL DUPONT, éditeur
41, RUE JEAN-JACQUES-ROUSSEAU, 41

1883

LISTE DES OBJETS NÉCESSAIRES

POUR L'ENSEIGNEMENT

Lame de zinc.

Blanc de zinc.

Fil de zinc.

Papier d'étain.

Morceau de plomb.

Lame de cuivre rouge.

Fil de laiton très fin.

Épingles.

Minerais de zinc, d'étain, de plomb, de cuivre (1).

Ustensiles en zinc.

Creuset et pince en fer.

Mesure d'étain.

Cuiller d'étain.

Barre d'étain.

Objets en fer-blanc.

Plomb de chasse et balle de plomb.

Objets en cuivre rouge en cuivre étamé.

Objets en laiton.

Objets en bronze.

---

(1) On peut se procurer une boîte contenant les objets précédents à la librairie Paul Dupont. — Prix *franco*, par colis postal : **3** francs.

I. LE ZINC.

1. A quoi sert le zinc. — Les arrosoirs (fig. 1), les seaux, les baignoires sont très souvent en un métal gris bleuâtre, beaucoup plus mou et plus flexible que le fer ; ce métal que tout le monde a vu, c'est du *zinc*.

Pourquoi, le zinc coûtant plus cher que le fer, fait-on ces objets en zinc et non en fer?

C'est que le fer se rouille très vite sous l'action de l'eau, et que bientôt ces objets divers seraient percés et mis hors d'état de servir.

Fig. 1. — Arrosoir en zinc.

Le zinc ne s'abîme pas ainsi ; quand il est parfaitement propre, et quand il n'est pas resté à l'air humide, il est presque blanc et bien brillant. Si les objets en zinc dont nous venons de parler ne sont généralement pas brillants, c'est que le zinc, exposé à l'air, se ternit et se recouvre d'une couche grisâtre. Cette couche, très mince, n'augmente pas d'épaisseur, mais elle suffit pour proté-

---

1. — Citez des objets faits en zinc?
Le zinc coûte-t-il plus cher que le fer ?
Pourquoi fait-on les objets en zinc et non pas en fer?
Quels sont les avantages du zinc?
Le zinc se rouille-t-il ?
A quoi l'emploie-t-on dans les constructions?

ger le zinc qui est en-dessous contre l'action nuisible de l'air ; le fer, au contraire, dans les mêmes conditions, serait bientôt, nous l'avons vu, absolument rongé par la rouille.

Le zinc se met en lames encore plus facilement que le fer ; il y a donc avantage à employer ce métal à la place du fer pour fabriquer les seaux, les arrosoirs (fig. 1), etc.; il en est de même pour les gouttières de nos toits (fig. 2)

Fig. 2. — Toiture en zinc T recouvrant la maison B M ; à droite, en bas du toit, on voit une gouttière en zinc.

et les tuyaux qui conduisent l'eau de ces gouttières jusqu'au sol. On se sert souvent aussi de lames de zinc pour couvrir le toit des maisons (T, fig. 2), et, comme ces lames n'ont pas besoin d'être bien épaisses, la toiture ainsi faite est très légère ; elle pèse à peu près quatre fois moins que si elle était faite avec des ardoises.

2. Le zinc fond et brûle. — Ces toitures en zinc ont quelquefois présenté des inconvénients en cas d'incendie;

2. — Le zinc fond-il difficilement ?
Le zinc peut-il brûler à l'air ? Comment le montre-t-on facilement ?
Que forme le zinc en brûlant ? A quoi emploie-t-on le blanc de zinc ?

le zinc, en effet, fond facilement, et la chute du métal fondu a occasionné des accidents. De plus, le zinc fondu peut lui-même s'enflammer en lançant de tous côtés de nombreuses étincelles.

On peut constater ce fait par l'expérience suivante (fig. 3) : mettons dans un creuset en terre *c*, des morceaux de zinc, et faisons chauffer ce creuset dans un fourneau; au bout de bien peu de temps nous verrons fondre le zinc; mettons un couvercle *c* sur ce creuset et faisons-le chauffer beaucoup plus. Quand le zinc sera extrêmement chaud, prenons ce creuset avec des pinces, retirons le couvercle et, en montant sur une chaise, renversons peu à peu le creuset : le zinc fondu se mettra à couler et tombera par terre, nous verrons une grande flamme blanche très brillante entourer le jet de zinc, c'est le zinc qui brûle en tombant dans l'air (fig. 4).

Fig. 3. — On fait fondre du zinc dans un creuset *c* sur un fourneau; *c'*, creuset vide, sans couvercle.

Tout autour de cette brillante combustion on voit tomber

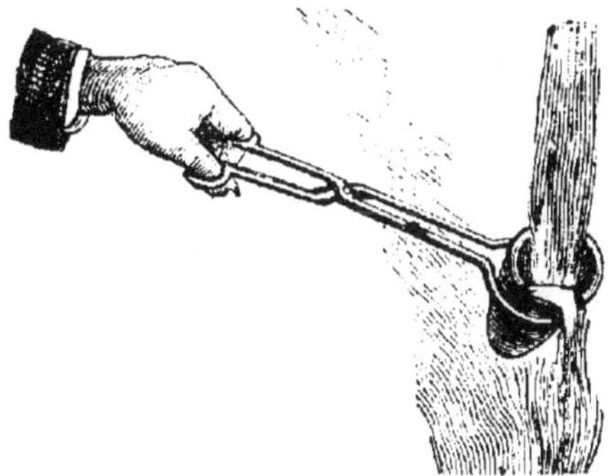

Fig. 4. — On verse le zinc fondu dans l'air; il se produit du blanc de zinc

lentement une substance blanche sous la forme de légers flocons; c'est ce que forme le zinc en brûlant; ce corps est employé dans la peinture sous le nom de *blanc de zinc*.

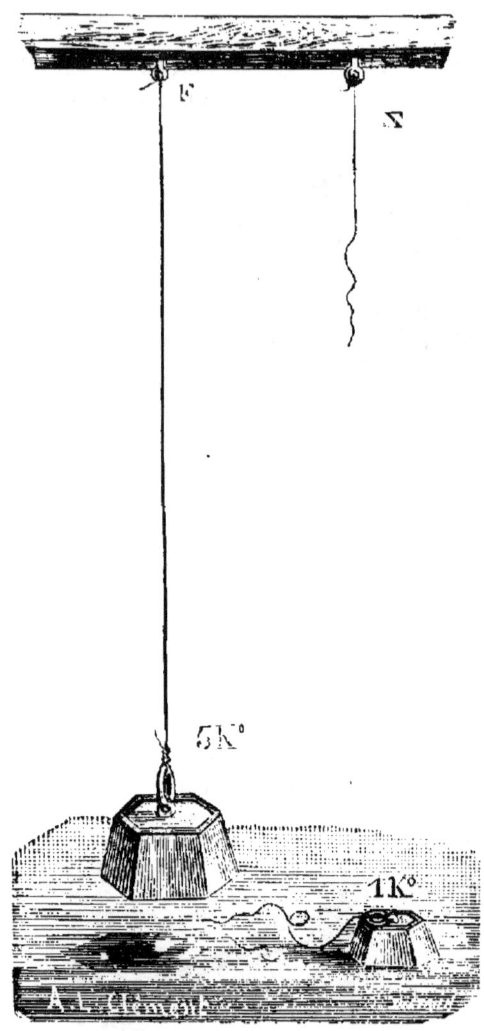

Fig. 5. — Le poids de 1 kilogramme a fait casser le fil de zinc Z; quant au fil de fer F, il n'est pas cassé par le poids de 5 kilogrammes.

C'est en brûlant du zinc réduit en poussière qu'on obtient les brillantes étoiles d'un blanc bleuâtre des feux d'artifice.

La facilité avec laquelle le zinc fond permet de l'employer pour la fabrication d'objets d'art moulés, tels que pendules, candélabres, etc.

3. Le fer est beaucoup plus utile que le zinc.—On fait aussi directement des objets d'art en travaillant le zinc au marteau, car le zinc peut être forgé comme le fer; il peut aussi être étiré et former des fils.

Mais en observant un morceau de zinc, nous constatons que ce métal est bien plus aisément rayé que le fer, et qu'il se tord bien plus facilement; nous pourrions même le casser sans grande difficulté.

Nous voyons donc qu'il y a une foule d'objets pour la fabrication desquels le zinc ne peut pas remplacer le fer, tous ceux, par exemple, qui ont une grande résistance à vaincre ou de grands frottements à subir. Il en est de même pour les objets qui doivent être très fortement chauffés.

Prenons un fil de zinc et un fil de fer de même dimension; suspendons des poids à ces fils, nous constatons (fig. 5) que le fil de fer supporte, sans se casser, un poids cinq fois plus grand que celui qui a fait casser le fil de zinc. Aussi ne fait-on jamais de chaînes de zinc, et les fils de tous les ponts suspendus sont-ils en fer.

4. Le zinc sert à empêcher le fer de se rouiller. — L'emploi le plus habituel du zinc est certainement celui qui consiste à recouvrir le fer pour le protéger contre l'action de l'air (voyez *Livret* n° 4, LE FER.)

Tous les objets de fer qui doivent être exposés à l'air,

---

3. — Quels sont les inconvénients du zinc ?
Le fil de zinc se casse-t-il plus facilement que le fil de fer ?
En somme, le zinc est-il plus utile que le fer ?

4. — Comment fait-t-on pour recouvrir de zinc les objets en fer ?
A quoi cela sert-il ?
A quoi emploie-t-on le fer recouvert de zinc ?
Pourquoi ne s'en sert-on pas pour les ustensiles de cuisine ?

comme par exemple les fils de télégraphe, peuvent être ainsi garantis de la rouille ; si même, par suite d'un choc, le zinc est arraché en un point et que le fer se trouve à nu, il ne se forme presque pas de rouille.

C'est aussi du fer recouvert de zinc qu'on tend en travers dans les jardins pour disposer les arbres fruitiers en espaliers (fig. 6).

Fig. 6. — On se sert de fils de fer recouverts de zinc pour soutenir les branches des arbres fruitiers, taillés en espaliers.

Malheureusement on ne peut pas employer le zinc pour recouvrir les ustensiles de fer qui servent à la cuisine, ou même qui touchent seulement nos aliments ; le zinc, en effet, peut dans certains cas donner naissance à de véritables poisons; ainsi du vin, de l'huile, du vinaigre, etc., mis dans un vase en zinc, deviendraient extrêmement vénéneux.

II. — L'ÉTAIN

5. Objets faits en étain. — Le chocolat, le saucisson, le pain d'épice et quelques autres substances alimentaires sont ordinairement enveloppées d'une feuille de métal aussi mince que du papier, qui les garantit des effets de l'air et de l'humidité : ce métal, c'est de l'étain.

L'emploi de l'étain dans ces circonstances nous indique que ce métal se laisse facilement mettre en lames très minces. Cela montre aussi que l'étain ne forme pas, avec les substances alimentaires qu'il recouvre, des poisons comme le fait le zinc; c'est à cause de cela que les mesures des liquides (fig. 7) sont en étain; les différents liquides qu'on met dans ces vases n'y prennent aucune mauvaise qualité.

Fig. 7. — Mesure en étain pour les liquides.

On fait aussi en étain des cuillers, des fourchettes et de la

---

5. — Citez des objets faits en étain.
Pourquoi fait-on ces objets en étain ?
L'étain forme-t-il des poisons avec des aliments ?
L'étain se rouille-t-il comme le fer ?
Quels sont les avantages de l'étain ?
Qu'est-ce que le cri de l'étain?
L'étain fond-il facilement ? Comment peut-on le prouver ?

vaisselle. La fabrication de ces divers objets est facile parce que l'étain fond facilement, mais tous les ustensiles d'étain présentent l'inconvénient d'être très mous, ils se déforment avec la plus grande facilité ; de plus, ils dégagent, quand on les frotte, une odeur désagréable. Ils ont cependant l'avantage de ne jamais se rouiller ; l'étain, en effet, ne se rouille pas comme le fer ; il ne fait que se recouvrir à l'air humide d'une couche terne très mince, ainsi que le fait le zinc.

Nous pouvons constater sur une barre d'étain toutes ces propriétés.

Cette barre est terne et grisâtre ; nous l'entamons avec la plus grande facilité au moyen d'un canif, et nous voyons alors la belle couleur blanche et l'éclat vif de l'étain ; nous pouvons la tordre, sans aucune peine, et nous observons alors quelque chose qui est spécial à l'étain : c'est que, lorsque l'on plie rapidement cette barre, on entend un petit craquement particulier qu'on appelle le *cri de l'étain.*

Si nous frottons la barre d'étain, nous constatons l'odeur dont nous avons parlé. Enfin coupons-en un petit morceau et mettons-le dans une feuille de papier, dont nous relevons

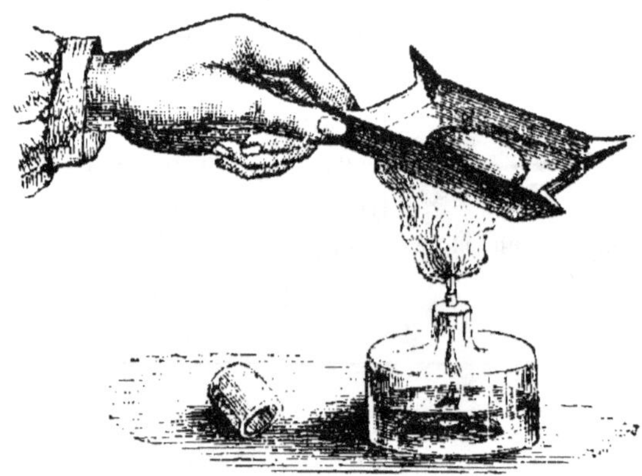

Fig. 8. — On peut fondre un morceau d'étain dans un carré de papier.

les bords, de manière à former une petite boîte ; mettons cette boîte un peu au-dessus d'une bougie (fig. 8), nous verrons bientôt l'étain fondre sans que pour cela le papier brûle ; cette expérience nous prouve la facilité avec laquelle fond l'étain.

6. Fer-blanc ou fer étamé. — Il suffit pour protéger les ustensiles en fer (voyez *livret* n° 1, LE FER), de plonger les objets dans un bain d'étain ou de passer à leur surface un peu de ce métal fondu (fig. 9).

Fig. 9. — L'étameur étame une poêle en fer, en passant à sa surface de l'étain fondu.

On dit alors que ces objets sont en *fer-blanc* ou en *fer étamé*.

---

6. — Comment peut-on recouvrir d'étain les objets en fer ?
A quoi cela sert-il ?

III. — LE PLOMB.

7. Le plomb est très mou. Tuyaux de plomb. — En quel métal sont faits les tuyaux qui amènent le gaz ou l'eau dans les maisons d'une ville (fig. 10) ou dans les appartements (fig. 11) ?

Si nous prenons un morceau de ces tuyaux, nous voyons que ce métal est très mou ; nous pouvons le tordre dans tous les sens, nous pouvons le rayer avec l'ongle ; cette grande mollesse le rend très bon pour l'usage dont nous parlons ; on peut plier les tuyaux de manière à leur donner n'importe quelle forme, et on amène le gaz ou l'eau où l'on veut. Le fer, le zinc, ni même l'étain ne pourraient se plier ainsi : ce métal, c'est du plomb.

8. Fils, lames de plomb. — Si l'on veut soutenir une plante à tige flexible, on la fixe souvent à un mur ou à un tuteur au moyen de fils de plomb ; c'est aussi avec des fils de plomb qu'on attache les branches des plantes en espalier, sur les fils de fer galvanisé tendus en travers (voyez fig. 74).

Si l'on employait du fer pour cet usage, on se ferait certainement mal aux doigts, et le fer ne tarderait pas à être rouillé. Nous voyons, en effet, si nous prenons un

---

7. — Citez des objets en plomb ?
Pourquoi fait-on ces objets en plomb ?
8. — Peut-on faire des fils de plomb ? A quoi servent-ils ?
Quels sont les avantages du plomb ?

morceau de fil de plomb, que ce fil se tord avec la plus grande facilité et qu'il garde très exactement la forme qu'on lui donne. Mais ces fils si souples ont très peu de force ; ils ne peuvent supporter qu'un poids très faible, nous pou-

Fig. 10. — Ouvrier posant dans une rue un tuyau de plomb pour la conduite du gaz.

vons facilement les rompre en les tirant. Cette grande mollesse fait encore employer le plomb sous forme de petites lames pour faire des étiquettes qui peuvent sans inconvénient rester à l'air ; on écrit sur ces étiquettes avec une pointe dure, avec un clou, par exemple.

9. Le plomb ne se rouille pas. — Les usages du

---

9. — Le plomb se rouille-t-il ?

plomb nous montrent que ce métal ne se rouille pas comme le fer; si on laisse du plomb exposé à l'air humide, il se ternit bientôt comme le font le zinc et l'étain, et, de même que pour ces métaux, la couche qui se forme est très mince; il suffit, en effet, de frotter un peu un morceau de plomb pour enlever cette couche; on voit, en-dessous, le plomb bleuâtre et brillant.

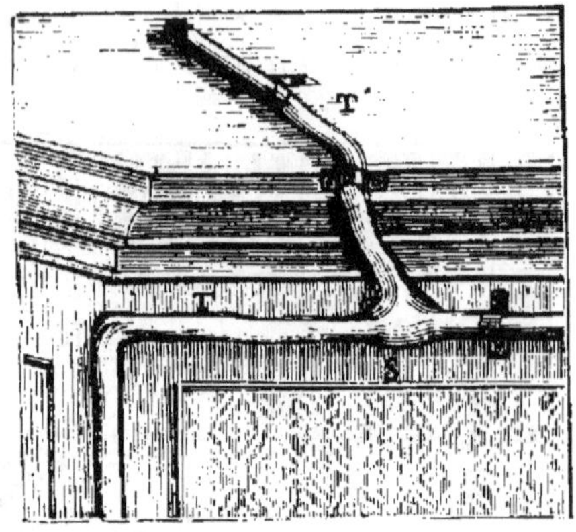

Fig. 11. — Tuyaux de plomb, dans un appartement, pour la conduite du gaz ; T, T'.

10. Crayons en plomb. — Prenons un morceau de plomb et frottons-le contre du papier, nous voyons une trace grise partout où le plomb a passé ; la mollesse du plomb est en effet si grande que sous l'action du frottement ce métal s'est écrasé sur le papier et a laissé une trace ; on utilise quelquefois cette propriété du plomb pour en faire des crayons (1).

11. Plomb de chasse, balles de fusil. — C'est tou-

(1) Ce n'est plus guère maintenant que dans quelques carnets de poche qu'on se sert de ces crayons de plomb. Les crayons qu'on faisait autrefois en plomb sont fabriqués maintenant avec une sorte de charbon (*graphite*) qu'on nomme encore vulgairement de la *mine de plomb*.

---

10. — Que remarque-t-on si l'on appuie un morceau de plomb sur du papier ?

11. — Comment fait-on les balles de fusil?
Comment fait-on le plomb de chasse ?
Qu'est-ce que la *cendrée*.

jours en plomb que l'on fait les projectiles qu'on lance avec les fusils. Aucun métal ne présenterait pour cet usage les qualités du plomb : les projectiles doivent être lourds pour atteindre plus loin et avec plus de force. Or, si nous prenons à la main un morceau de plomb, nous voyons que ce métal est très lourd, qu'il est plus lourd que le fer, l'étain et le zinc ; le plomb convient donc très bien sous ce rapport. Les projectiles glissent dans un fusil, ils frottent très vivement l'intérieur du canon de ce fusil, qui s'userait très vite s'ils étaient en métal dur ; avec le plomb qui est très mou, cet inconvénient est moindre qu'avec les autres métaux.

Les projectiles des fusils sont de deux sortes : s'ils sont petits ils constituent ce qu'on appelle le *plomb de chasse* ; s'ils sont assez gros pour remplir le canon du fusil, ce sont des *balles*.

Pour fabriquer les balles, on coule simplement du plomb fondu dans un moule ayant la forme de la balle qu'on veut avoir ; c'est ainsi que sont faites les balles des fusils chassepot (fig. 12 et 13).

Le plomb de chasse se fabrique tout autrement. Du sommet d'une tour élevée de trente ou quarante mètres, on jette du plomb fondu dans un vase percé de trous ; le plomb fondu tombe alors, sous forme de pluie, dans un grand vase plein d'eau froide qu'on a disposé au pied de la tour ; il se solidifie immédiatement sous forme de petites boules. Ces boules sont de différentes grosseurs ; pour réunir celles qui ont les mêmes dimensions, on met toutes les boules sur des tamis dont les trous sont de plus en plus gros ; les plus petites sont d'abord les seules qui passent, c'est ce qu'on appelle *la cendrée ;* celles qui sont de plus en plus grosses passent à mesure que les trous des tamis sont plus grands ; ce sont des plombs de numéros différents.

12. Le plomb peut former des poisons. — Nous avons vu que le plomb pouvait facilement se mettre en lames ; il peut servir alors à recouvrir des toits, surtout des terrasses, à faire des gouttières, etc. Mais nous ne voyons jamais d'ustensiles de cuisine en plomb. C'est que le plomb, comme le zinc, rend vénéneux beaucoup d'aliments ; il en suffit même d'une très petite quantité pour produire des effets dangereux ; c'est ainsi que quelques grains de plomb laissés au fond d'une bouteille après qu'on l'avait rincée, ont causé des empoisonnements par le vin ou le vinaigre qu'on y avait mis.

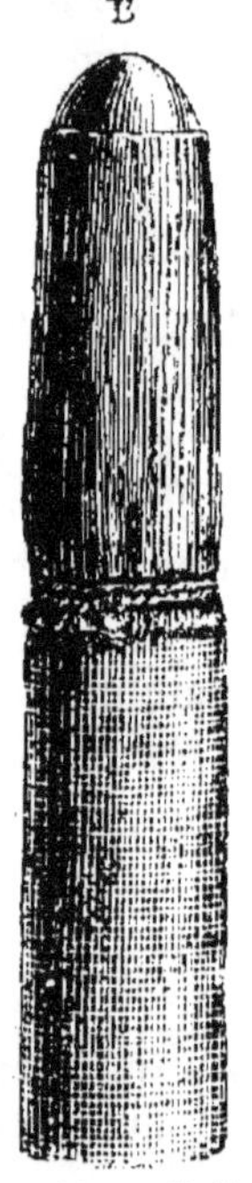

Fig. 12 et 13. — Balle en plomb du fusil chassepot, seule et placée dans la cartouche.

Quelques poteries grossières sont recouvertes d'un vernis dans lequel il y a du plomb : des viandes conservées dans ces poteries ont aussi causé de graves accidents.

Enfin, il y a des couleurs qui renferment du plomb (1) ; leur usage provoque chez les peintres des maladies particulières, quelquefois très graves, et toujours très douloureuses.

L'eau elle-même peut, rien qu'en passant sur du plomb, devenir nuisible ; mais on a constaté que cela n'arrivait que lorsque l'eau était parfaitement pure, comme, par exemple, l'eau de pluie qui a coulé sur un

(1) Les plus employées de ces couleurs sont le blanc nommé *céruse* et le rouge nommé *minium*.

---

12. — Peut-on faire des ustensiles de cuisine en plomb ?
Dites dans quels cas le plomb peut être dangereux.
L'eau pure peut-elle devenir nuisible en passant sur du plomb ?
Comment se fait-il qu'on fait des conduites d'eau en plomb ?

toit ou une terrasse recouverts de plomb ; au contraire, l'eau de source ou de rivière qui n'est presque jamais parfaitement pure peut passer sur du plomb sans acquérir de mauvaises qualités ; or, comme c'est de cette eau que nous nous servons presque toujours, on peut généralement la faire passer sans inconvénients dans des tuyaux de plomb.

13. Le plomb peut servir à empêcher le fer de se rouiller. — Le plomb ne se rouille pas ; il peut comme le zinc et l'étain servir à recouvrir le fer et l'empêcher de se rouiller. On forme ainsi, nous l'avons dit, la *tôle plombée* qui est souvent employée pour recouvrir les toits, parce qu'elle s'altère moins par la pluie que la tôle recouverte de zinc.

---

13. — Dans quel cas recouvre-t-on le fer avec du plomb ?

IV. — LE CUIVRE.

14. Le cuivre est moins dur que le fer. — Beaucoup d'ustensiles de cuisine (fig. 14), des chaudrons, des cas-

Fig. 14. — Chaudrons en cuivre (au fond, balances et chandelier en laiton).

---

14. — Citez des objets en cuivre rouge.
Le cuivre coûte-t-il plus cher que le fer?
Le cuivre est-il aussi dur que le fer?
Donne-t-il des étincelles par le choc ?

seroles, etc., sont en un métal rouge qui dégage, quand on le frotte, une odeur désagréable : ce métal c'est du cuivre, vulgairement appelé cuivre rouge. Le cuivre coûte plus cher que le fer ; voyons pourquoi on l'emploie quelquefois de préférence au fer.

Prenons un morceau de cuivre ; frottons-le avec un clou, nous voyons qu'il est rayé ; le cuivre est donc moins dur que le fer ; aussi ne voyons-nous pas ordinairement de clous en cuivre. Remarquons aussi que nous pouvons tordre ce petit morceau de cuivre plus facilement que nous ne le ferions si c'était du fer.

Quand on frappe du fer avec une pierre dure, du silex par exemple, nous avons vu (*livret* n° 4) que de vives étincelles se produisent. Essayons d'obtenir ce même résultat avec du cuivre, c'est impossible ; le cuivre n'est pas assez dur. Cette propriété du cuivre de ne pas pouvoir produire d'étincelles par le choc rend l'emploi de ce métal très utile dans certaines circonstances, par exemple pour broyer la poudre ; aussi, dans les poudreries, où la moindre étincelle peut occasionner de très grands accidents, on se sert toujours de pilons en cuivre.

15. Le cuivre se met plus facilement en lames que le fer. — Si nous mettions ce morceau de cuivre entre les cylindres du laminoir, nous le transformerions facilement en lames, plus facilement qu'un morceau de fer ; de même, si on le frappe avec un marteau, chaque coup de marteau laisse sur ce morceau de cuivre une empreinte plus profonde que si l'on frappait du fer. En frappant du cuivre avec un marteau, on le transforme en lames plus facilement que le fer ; on a donc avantage à faire en cuivre les objets tels que des casseroles, des marmites, des chaudières, des alambics pour distiller (fig. 15), que l'on fabrique en frap-

---

15. — Le cuivre se met-il plus facilement en lames que le fer ?
Pourquoi fait-on des objets en cuivre ?
Quels sont les divers avantages du cuivre ?

pant le métal à coups de marteau. En outre, le cuivre s'échauffe beaucoup plus vite que le fer ; c'est pourquoi une casserole est meilleure en cuivre qu'en fer-blanc.

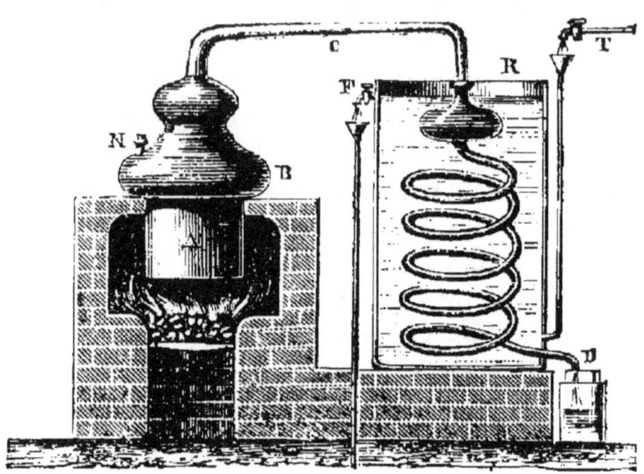

Fig. 15. — Les alambics pour distiller se font en cuivre, parce que ce métal s'échauffe très vite.

16. Le cuivre peut empoisonner. Vert-de-gris. — Le cuivre ne se rouille pas comme le fer, mais à l'air humide il se recouvre d'une mince couche verte qui est ce qu'on appelle du *vert-de-gris*.

Le vert-de-gris est un poison ; il faut donc absolument éviter sa formation dans les ustensiles de cuisine. Pour cela, il faut tenir ces objets parfaitement propres, ce qui n'est pas d'ailleurs très difficile, car le vert-de-gris n'adhère pas très solidement au cuivre ; prenons, en effet, ce morceau de cuivre couvert de vert-de-gris, frottons-le un peu, nous voyons le vert-de-gris disparaître et le cuivre reprendre son éclat.

---

16. — Quels sont les inconvénients du cuivre ?
Qu'est-ce que le vert-de-gris ?
Comment peut-on l'enlever ?
Les ustensiles de cuisine en cuivre peuvent-ils être dangereux ?

Lors même qu'il est parfaitement propre, un vase de cuivre peut occasionner des accidents ; certains aliments, du vinaigre, des fruits, des graisses peuvent, en effet, quand ils sont en contact avec du cuivre, devenir de véritables poisons, surtout si on laisse refroidir ces aliments dans le vase en cuivre. Aussi, lorsqu'on fait des confitures dans un chaudron en cuivre, il ne faut pas les laisser refroidir dans ce chaudron.

17. Etamage du cuivre. — Il y a un moyen bien simple d'empêcher absolument ces fâcheux accidents de se produire, c'est de recouvrir d'étain la partie des ustensiles de cuivre qui doit être en contact avec les aliments ; c'est ce que l'on fait très habituellement ; on étame, par exemple, l'intérieur des casseroles (fig. 16). Il n'y a plus alors qu'à s'as-

Fig. 16. — On étame les casseroles à l'intérieur et aux bords parce que le cuivre peut empoisonner.

surer que la couche d'étain n'est détruite en aucun point : quand la couche d'étain est usée et qu'on aperçoit le cuivre, il faut faire étamer de nouveau cette casserole.

L'étamage du cuivre a un autre avantage : il empêche l'odeur désagréable du cuivre de se communiquer aux substances que l'on mange.

---

17. — Comment peut-on empêcher les ustensiles de cuivre d'être dangereux ?

18. Fils de cuivre. — On peut faire des fils de cuivre presque aussi facilement qu'on fait des fils de fer. Les fils de cuivre ne sont pas aussi forts; on les emploie cependant beaucoup dans l'industrie, parce qu'ils ne se rouillent pas; on en fait usage aussi dans les expériences d'électricité parce que le cuivre conduit mieux l'électricité que le fer. Cependant, pour d'autres raisons, on a avantage à faire les fils de télégraphe en fer et non en cuivre.

19. Le cuivre brûle avec une flamme verte. — Mettons un morceau de cuivre sur un feu un peu vif, et nous verrons la flamme qui entoure le cuivre prendre une teinte verte ; on voit très souvent ainsi de petites flammes vertes entourer la base d'une casserolle mise sur le feu ; c'est le cuivre qui brûle en donnant cette couleur à la flamme.

C'est par de la poussière de cuivre mêlée à de la poudre que l'on obtient les étoiles vertes dans les feux d'artifice.

20. Couleurs qui renferment du cuivre. — Il y a quelques couleurs employées en peinture, particulièrement le vert, qui renferment du cuivre. Ces couleurs sont très vénéneuses ; leur usage nécessite certaines précautions.

Des pains à cacheter, des papiers, des étoffes de cette couleur ont quelquefois occasionné des accidents assez graves (1).

(1) Le blanc d'œuf délayé dans de l'eau est un des meilleurs contrepoisons du cuivre et du zinc.

---

18. — Peut-on faire des fils de cuivre ?
A quoi servent-ils ?

19. — Que remarque-t-on si l'on met un morceau de cuivre sur du feu ?
Se sert-on quelquefois de cette propriété du cuivre ?

20. — Les couleurs qui renferment du cuivre sont-elles dangereuses ?

V. — LE LAITON ET LE BRONZE.

21. Laiton : Chandeliers, lampes, instruments de musique, etc. — Quel est ce métal jaune avec lequel sont faits tant d'objets usuels, des chandeliers, des balances (voyez fig. 14), des lampes, des boutons de porte, les garnitures de meubles, etc. ?

C'est du *laiton*, vulgairement appelé *cuivre jaune*.

Quels avantages le laiton a-t-il sur le cuivre ?

C'est qu'il fond à une température beaucoup moins élevée et que le travail en est plus facile ; on peut en faire des lames très minces et le travailler aisément au marteau ; on peut aussi en faire des fils très fins.

Cette grande facilité pour travailler le laiton nous explique son emploi si fréquent ; les instruments de musique (piston, trombone, cor de chasse, trompette, etc.), sont aussi en laiton.

22. Épingles. — Mais l'emploi le plus considérable du laiton est dans la fabrication des épingles. Les épingles, en effet, sont en laiton ; leur couleur blanche tient à ce qu'on les recouvre d'une mince couche d'étain pour éviter l'odeur désagréable que le laiton laisserait aux doigts.

La fabrication des épingles est d'ailleurs très compliquée ;

---

21. — Citez des objets en laiton.
Quelle est la couleur du laiton ?
Quel autre nom donne-t-on au laiton ?
Quels avantages le laiton a-t-il sur le cuivre

22. — En quoi sont faites les épingles
Pourquoi ne sont-elles pas jaunes ?

avant d'être achevée, une épingle passe nécessairement par les mains de quatorze ouvriers.

23. Le laiton est un alliage de cuivre et de zinc. — Le laiton n'est pas un métal comme le cuivre, le plomb ou le zinc; il est formé de deux métaux que l'on a intimement mêlés; ces deux métaux sont le cuivre et le zinc.

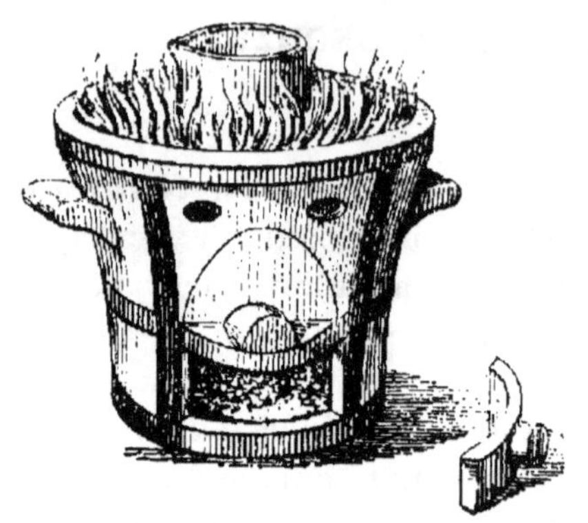

Fig. 17. — On prépare le laiton en chauffant du zinc et du cuivre dans un creuset.

Pour fabriquer le laiton, on fond ensemble dans un creuset de terre (fig. 17) des morceaux de cuivre et de zinc; afin d'éviter l'action de l'air sur les métaux on recouvre le tout de charbon en poussière; les métaux fondus se mêlent et le laiton est formé. Ce mélange intime de deux métaux forme ce qu'on appelle un *alliage*. Le laiton est donc un *alliage du cuivre et de zinc*.

Quand on veut faire une grande quantité d'alliage, on opère alors dans un grand four appelé four à réverbère (fig 18); quand l'alliage est formé, on le retire avec de grandes cuillers et on le porte dans les différentes parties de l'atelier où on le travaille.

24. Bronze : alliage de cuivre et d'étain. — Les

---

23. — Qu'est-ce que le laiton ?
Comment le fabrique-t-on si l'on veut en faire peu?
Comment le fabrique-t-on en grande quantité ?
Qu'est-ce qu'un alliage ?

24. — Citez des objets en bronze.
Qu'est-ce que le bronze ?
Quels sont les avantages du bronze ?
Qu'est-ce que la patine du bronze?

cloches, les canons, beaucoup de statues et autres objets d'art, tels que les pendules et les candélabres, sont en un *alliage de cuivre et d'étain* qu'on appelle *bronze.*

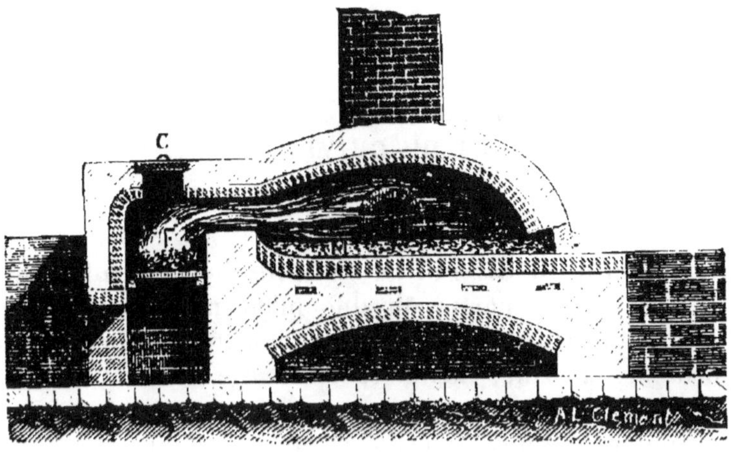

Fig. 18. — Four pour la préparation du laiton ou du bronze.

Le bronze se travaille parfaitement et fond plus facilement que le cuivre.

On fait des bronzes de qualités différentes en variant les proportions du cuivre et de l'étain; ainsi on fait un bronze très résistant pour la fabrication des canons, un autre très sonore quand on veut en faire des cloches ou des timbres, un autre très fusible pour les statues ou les objets d'art moulés, etc.

Le bronze exposé à l'air se recouvre comme le cuivre d'une couche extérieure qui voile sa surface ; mais ce n'est plus du vert-de-gris qui se forme, c'est une couche d'une couleur verte spéciale qui donne au bronze une teinte sombre, plus appréciée que le brillant de l'alliage quand il est neuf ou parfaitement nettoyé : cette teinte est ce qu'on nomme la *patine* (1).

(1) La teinte de cette patine est tellement appréciée que l'on recouvre très souvent le bronze neuf d'un vernis spécial qui en imite la teinte verte.

VI. — EXTRACTION DU ZINC, DE L'ÉTAIN, DU PLOMB ET DU CUIVRE.

25. Comment on retire le zinc de son minerai. — La plus grande partie du zinc qu'on emploie en France vient d'Aix-la-Chapelle; il y a près de cette ville des mines importantes de zinc, nommées mines de la Vieille-Montagne.

Le zinc ne se trouve jamais à l'état de métal pur; il est toujours renfermé dans un minerai d'où il peut s'extraire (1).

Pour extraire le zinc de son minerai, on chauffe d'abord fortement à l'air ce minerai, l'air agit sur lui et le transforme; on mélange ensuite ce minerai ainsi transformé avec du charbon et l'on porte le mélange dans des vases (*c*, fig. 19) où l'air ne se renouvelle pas; ces vases sont placés les uns au-dessus des autres dans un four (fig. 19). On chauffe : le zinc se sépare du mélange sous forme de vapeurs que l'on fait condenser dans des vases allongés *d*, *b'* où l'on peut le recueillir.

C'est seulement vers le XVIe siècle que le zinc a été connu en Europe; on l'apportait de Chine où il était exploité depuis longtemps déjà.

(1) Le minerai de la Vieille-Montagne est de la *calamine ;* il existe un autre minerai de zinc nommé *blende*.

---

25. — Comment extrait-on le zinc de son minerai ?
Connaît-on le zinc depuis longtemps en Europe ?
Où trouve-t-on du minerai d'étain ?

26. Minerai d'étain. — L'étain, au contraire, s'extrait de son minerai en Europe depuis un temps considérable. Les mines d'étain les plus riches sont en Saxe, en Bohème

Fig. 19. — Four pour fabriquer le zinc. *c*, vases fermés où l'on met le minerai et le charbon ; *d*, *b* allonges où se recueille le zinc fondu.

et en Angleterre, dans le comté de Cornouailles. Ces mines de Cornouailles présentent même une particularité assez curieuse, c'est qu'elles ont des galeries d'exploitation qui se trouvent en partie sous la mer (1).

A quoi tient que l'étain soit si anciennement connu ?

C'est que le minerai d'étain peut se décomposer très facilement de manière à laisser l'étain se séparer.

(1) Le minerai d'étain est la *cassitérite.*

---

26. — Connaît-on l'étain depuis longtemps ? Pourquoi ?

27. Extraction de l'étain. — Le minerai est brisé en petits fragments et lavé par un violent courant d'eau qui entraîne beaucoup d'impuretés.

Le minerai, déjà assez pur, est grillé, puis est soumis à un second lavage qui le purifie encore; enfin ce minerai purifié est mêlé avec du charbon de bois et chauffé dans un four (fig. 20) ; le minerai M est décomposé par le charbon

Fig. 20. — Extraction de l'étain. — L'air du soufflet S est lancé par le tuyau T sur le mélange de charbon et de minerai M. L'étain fondu coule par le conduit R, dans la cuve C.

dont la combustion est activée par un soufflet S qui, par son tuyau T lance sur le charbon des quantités considérables d'air; l'étain fondu coule et se rassemble à la base du four comme le montre la figure.

Quand il y en a ainsi une certaine quantité, on le fait couler par une rigole R dans une cuve C.

Dans cette cuve C, on enfonce des morceaux de bois vert que l'on agite; ce bois se carbonise sous l'effet de la haute température de l'étain, et en se carbonisant il forme de

---

27. — Comment retire-t-on l'étain de son minerai ?

nombreuses bulles gazeuses qui, se dirigeant toutes de bas en haut, entraînent à la surface une grande partie de ce qui n'est pas de l'étain. On retire alors les impuretés qui se trouvent à la surface, et on coule le métal dans des moules.

28. Comment on purifie l'étain. — Mais l'étain ainsi obtenu n'est pas encore pur; pour le purifier, on le chauffe encore une fois, mais très lentement; l'étain fond plus facilement que les autres métaux qui se trouvent avec lui : il en résulte que l'étain seul fond d'abord, et que, si l'on ne fait pas chauffer trop vite, on peut l'obtenir très pur (1).

29. Minerai de plomb : comment on en extrait le plomb. — Le minerai de plomb le plus répandu est gris bleuâtre; il est très lourd et très brillant (2).

On trie, on casse et on lave ce minerai; puis on l'introduit par une ouverture C dans un grand four, dit four à réverbère (fig. 21) où on l'étend en M; les flammes du foyer F le chauffent considérablement, tandis que de l'air entre par les ouvertures *o, o, o*; cet air, sous l'action de la haute température du four, brûle les substances qui sont unies au plomb pour former le minerai, et bientôt il ne reste plus que du plomb qu'on peut employer immédiatement.

La facilité avec laquelle on tire le plomb de son minerai explique que le plomb ait été connu depuis très longtemps.

Les mines de plomb sont assez nombreuses en France : les Pyrénées, l'Auvergne, la Bretagne en renferment; mais c'est en Angleterre et en Espagne que sont les plus grandes exploitations.

(1) Cette opération est ce qu'on appelle la *liquation* de l'étain.

(2) Ce minerai est de la *galène*. Il y a un autre minerai de plomb plus rare et qui est blanc : broyé, il est employé dans la peinture; c'est la *céruse*.

---

28. — Comment peut-on purifier l'étain ?

29. — Comment extrait-on le plomb de son minerai ?
Où trouve-t-on du minerai de plomb ?

30. Où l'on trouve du cuivre pur. — Dans quelques pays, particulièrement dans le nord de l'Amérique, près du Lac Superieur, on trouve des amas considérables de cuivre pur; ce cuivre peut être fondu et travaillé immédiatement. Cela nous explique que le cuivre ait été l'un des métaux les plus anciennement connus.

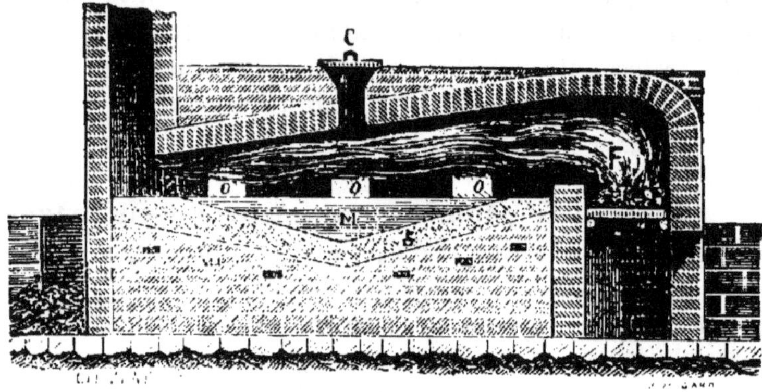

Fig. 21. — Extraction du plomb. — Le minerai de plomb introduit dans le four par l'ouverture C est étendu en M au-dessus d'une couche de sable S. Sous l'action de la chaleur du feu F et de l'air qui arrive par les ouvertures *o, o, o*, le minerai se transforme en plomb.

31. Minerai de cuivre. — Mais généralement le cuivre se trouve à l'état de minerai; et même ce minerai ne se décompose qu'avec une certaine difficulté, de sorte que l'extraction du cuivre est plus longue que celle de la plupart des autres métaux.

La France ne produit presque pas de cuivre; l'Angleterre et l'Allemagne en fournissent au contraire une très grande quantité (1).

(1) Le minerai de cuivre le plus exploité est la *chalkopyrite* ; il est jaune brillant, et se casse assez facilement.

---

30. — Comment s'explique-t-on que le cuivre ait été l'un des métaux les plus anciennement connus ?

Où trouve-t-on du cuivre pur?

31. — Où trouve-t-on du minerai de cuivre ?

32. Extraction du cuivre. — Pour extraire le cuivre de son minerai, on grille ce minerai dans un four à réverbère comme celui de la figure 21 ; le minerai se décompose en partie; on le porte alors dans un autre four où on le fait fondre; une partie des impuretés forment des scories que l'on retire; il reste dans le four une masse qu'on nomme *matte* qui renferme presque tout le cuivre du minerai. On fait subir un nouveau grillage à cette matte, puis une nouvelle fusion, et ainsi de suite jusqu'à ce qu'on obtienne une matte renfermant une très grande quantité de cuivre, c'est ce qu'on appelle du *cuivre noir*.

On met enfin ce cuivre noir dans un fourneau à réverbère avec du charbon et l'on fait passer sur le mélange un violent courant d'air ; les substances étrangères au cuivre sont brûlées et entraînées par le courant d'air; on agite alors le cuivre liquide avec des branches de bois vert, comme nous avons vu qu'on le fait pour l'étain; tout ce qui n'est pas du cuivre est entraîné à la surface par les bulles gazeuses que dégage le bois et bientôt il ne reste plus que le cuivre pur.

---

32. — Comment extrait-on le cuivre de son minerai ?

RÉSUMÉ

I. — Zinc.

1, 2. — Utilité du zinc. — Le zinc est un métal gris bleuâtre, plus mou et plus flexible que le fer. Il est inaltérable à l'air et se met plus facilement en lames que le fer, c'est pourquoi on l'emploie pour fabriquer des seaux, des arrosoirs, ou pour faire des toitures et des gouttières.

Le zinc fond facilement; aussi l'utilise-t-on pour fondre des objets d'art, tels que pendules, chandeliers, etc.

Quand on fond le zinc on peut le faire brûler en le laissant tomber dans l'air. Il se forme alors le *blanc de zinc* employé en peinture.

3. — Défauts du zinc. — Le zinc peut être facilement rayé, cassé. Il n'a pas la résistance du fer. Un fil de fer résiste à un poids cinq fois plus fort que celui qui fait casser un fil de zinc de la même longueur. En somme, le zinc est beaucoup moins utile que le fer.

4 — Fer recouvert de zinc. — Le fer recouvert de zinc ne se rouille pas. On emploie aussi le zinc pour protéger le fer contre l'action de l'air. On plonge pour cela le fer dans du zinc fondu et l'on obtient le fer recouvert de zinc, dit fer galvanisé. Les fils de fer des télégraphes sont en fer galvanisé.

II. — Étain.

5. — Utilité et défauts de l'étain. — L'étain est un métal blanc qui se recouvre à l'air d'une couche terne, grisâtre. Il ne se rouille pas. On peut le tordre et le déformer encore plus facilement que le zinc. Il fond très facilement. Il ne forme pas, comme le zinc, des substances vénéneuses lorsqu'il touche des aliments, et comme il se met facilement en lames très minces, on en fait du papier d'étain. On s'en sert aussi pour faire les mesures des liquides, des cuillers et des fourchettes.

L'odeur désagréable qu'a ce métal lorsqu'on le frotte, son peu de résistance, sont des défauts qui font que l'étain n'est employé qu'à quelques usages.

6. — Fer recouvert d'étain. — C'est surtout pour recouvrir le fer et le protéger contre la rouille que l'étain est employé. Le fer recouvert d'étain s'appelle fer-blanc. Il a l'inconvénient de se rouiller très vite, lorsque la couche d'étain est entamée, tandis que le fer galvanisé reste toujours inaltérable à l'air. Le fer-blanc est surtout employé pour les ustensiles de cuisine.

III. — Plomb.

7, 8, 9, 10. — Utilité du plomb. — Le plomb est un métal blanc brillant, très lourd, qui peut se rayer à l'ongle et qui marque en gris sur le papier. Il fond assez facilement ; il ne s'altère pas à l'air, sauf qu'il se forme une mince couche grise à la surface.

Les fils de plomb sont très souples et servent aux jardiniers pour attacher les plantes ; les tuyaux de plomb ont aussi l'avantage de pouvoir être contournés et d'être facilement soudés les uns aux autres. On les emploie pour conduire l'eau ou le gaz d'éclairage dans les rues des villes et dans les appartements.

Comme le plomb marque sur le papier, on s'en sert aussi pour faire des crayons. Comme le plomb est lourd, on s'en sert pour faire les projectiles (plomb de chasse, balles de fusil).

11. — Plomb de chasse ; balles. — Le plomb de chasse se fabrique en jetant le plomb fondu dans de l'eau du haut d'un endroit élevé. Les balles de fusil sont moulées avec du plomb fondu.

12. — Le plomb peut former des poisons. — On ne peut

se servir de plomb pour les ustensiles de cuisine, car il forme des poisons dangereux ; mais l'eau de source ou de rivière n'est pas altérée par les tuyaux de plomb.

13. — Fer recouvert de plomb. — On emploie quelquefois de la tôle plombée pour faire les toitures. Elle s'altère moins que le zinc.

IV. — Cuivre.

14 à 17. — Utilité et défauts du cuivre. — Le cuivre est un métal rouge, plus dur que l'étain, le zinc ou le plomb, mais moins dur que le fer.

Le cuivre se met plus facilement en lames que le fer et se travaille plus aisément au marteau, et comme il s'échauffe plus vite que le fer, on l'emploie de préférence pour faire les chaudrons, les casseroles, les alambics, etc.

Le cuivre est moins résistant que le fer, il est plus cher, enfin il s'altère en formant à sa surface une matière verte appelée *vert-de-gris* qui est un poison dangereux.

On remédie à cet inconvénient en étamant, c'est-à-dire en recouvrant d'étain, les objets en cuivre.

18. — Fils de cuivre. — Le cuivre se met facilement en fils dont on se sert pour conduire l'électricité.

19. — Flamme du cuivre. — Le cuivre brûle avec une flamme verte ; on utilise quelquefois cette propriété dans les feux d'artifices.

20. — Couleurs qui renferment du cuivre. — Certaines couleurs, surtout les couleurs vertes, renferment du cuivre et sont de dangereux poisons.

V. — Laiton et Bronze.

21 à 23. — Laiton. — Le laiton est un alliage de cuivre et de zinc. C'est un métal jaune qui fond sans qu'on ait besoin de le chauffer autant que le cuivre et qu'on peut travailler plus facilement. On peut en faire des fils très fins.

On l'emploie pour faire des épingles, des chandeliers, des lampes, etc.

On le prépare en fondant ensemble du zinc et du cuivre dans un creuset sous une couche de charbon en poussière.

24. — Le bronze. — Le *bronze* est un alliage de cuivre et d'étain.

On peut le préparer de la même manière que le laiton. C'est un métal brun-rougeâtre, sonore, peu altérable à l'eau.

On emploie le bronze pour faire les cloches, les canons, les objets d'art.

VI. — Extraction du zinc, de l'étain, du plomb et du cuivre.

25. — Extraction du zinc. — Le minerai de zinc est chauffé à l'air, puis mêlé avec du charbon dans des vases où on le chauffe fortement. Le zinc vient se réunir dans des allonges.

26 à 28. — Extraction de l'étain. — Le minerai d'étain est grillé à l'air puis mêlé avec du charbon de bois dans un four où l'on active la combustion avec un soufflet. L'étain fond et est recueilli dans une cuve. On le purifie en le réchauffant lentement. L'étain pur fond et les impuretés restent.

29. — Extraction du plomb. — Le minerai de plomb est chauffé à l'air dans un grand four; tout ce qui n'est pas le plomb disparaît dans la fumée du four et il ne reste plus que du plomb.

30 à 32. — Extraction du cuivre. — Le minerai de cuivre est grillé à l'air, puis fondu, puis grillé de nouveau, refondu, etc., jusqu'à ce qu'on obtienne du cuivre impur appelé *cuivre noir*. Ce cuivre noir est purifié; mêlé avec du charbon et chauffé à l'air, il donne le cuivre rouge.

DEVOIRS A FAIRE

N° **1**. — Faire connaître les emplois du zinc, les avantages et les inconvénients. (§§ **1, 2, 3.**)

N° **2**. — Indiquer les objets que l'on fait ordinairement en étain, et dire pourquoi on les fait avec ce métal. (§§, **5 6.**)

N° **3**. — Indiquer les usages du plomb, et les raisons qui rendent avantageux l'emploi de ce métal. (§§ **7, 8, 9, 10, 11, 13.**)

N° **4**. — Faire connaître les principaux usages du cuivre et les causes de ces usages. (§§ **14, 15, 16, 17, 18.**),

N° **5**. — Décrire les propriétés et les usages du laiton et du bronze. (§§ **21, 22, 23, 24.**)

N° **6**. — Indiquer comment on retire le zinc, l'étain, le plomb, le cuivre de leurs minerais. (§ **25.**)

N° **7**. — Indiquer comment on retire l'étain de son minerai. (§§ **26, 27, 28.**)

N° **8**. — Indiquer comment on retire le plomb de son minerai. (§ **29.**)

N° **9**. — Indiquer comment on retire le cuivre de son minerai. (§§ **30, 31, 32.**)

Paris-Imp. PAUL DUPONT, 41 rue Jean-Jacques-Rousseau. 178, 11, 82

PREMIERS ÉLÉMENTS DES SCIENCES USUELLES

d'après les nouveaux programmes du 27 juillet 1882

(LEÇONS DE CHOSES)

PAR

M. GASTON BONNIER, Agrégé des Sciences physiques, Docteur ès Sciences naturelles, Maître de Conférences à l'Ecole Normale Supérieure et M. A. SEIGNETTE, Agrégé des Sciences naturelles, professeur au lycée Fontanes.

1. Les charbons.
2. Bougies, huiles, gaz.
3. Chauffage et éclairage.
4. Le fer.
5. Le zinc, l'étain, le plomb, le cuivre.
6. L'argent, l'or, les monnaies.
7. Les matériaux de construction, l'habitation.
*8. Les trois états des corps.
*9. L'eau, ses propriétés.
*10. L'air, baromètre, aérostats.
*11. Poids, balances, leviers.
*12. La chaleur.
*13. Machines à vapeur.
*14. La lumière.
*15. Les orages.
*16. La boussole et le télégraphe.
*17. Premières notions de chimie.
*18. Les sels usuels.
*19. Les minéraux (pierres).
*20. L'eau dans la nature.
*21. Les terrains.
*22. La terre végétale.
*23. L'histoire de la terre.
*24. Les voyages et les cartes.
*25. Le sol de la France.

Chaque livret cartonné, in-12, illustré de nombreuses gravures sur bois, avec questionnaires, résumés, devoirs à faire... » fr. 25

*(Les livrets marqués du signe * paraîtront successivement.)*

A LA MÊME LIBRAIRIE

ÉLÉMENTS USUELS DES SCIENCES PHYSIQUES ET NATURELLES, d'après les nouveaux programmes du 27 juillet 1882, par les mêmes auteurs.

I. — **COURS ÉLÉMENTAIRE** (paraîtra très prochainement.)

II. — **COURS MOYEN.** — Un vol. in-12, avec questionnaires, résumés, devoirs à faire, indications d'expériences simples et 250 figures dans le texte . . . . 1 fr. 25

III. — **COURS SUPÉRIEUR.** (En préparation.)

ANIMAUX, par M. GASTON BONNIER. 1 vol. in-12, avec 144 figures dans le texte, 4e édition. . . . . 2 fr. 25

VÉGÉTAUX, par le même, étude botanique élémentaire de *vingt-cinq* plantes vulgaires. — 1 volume in-12 avec 170 figures dans le texte, 3e édition. 2 fr. 25

PIERRES ET TERRAINS, par le même. 1 volume in-12, avec 91 figures dans le texte, 5e édition. . . . . 2 fr. 25

Paris. — Société d'Imprimerie PAUL DUPONT. (Cl.) 262.12.82

www.ingramcontent.com/pod-product-compliance
Lightning Source LLC
LaVergne TN
LVHW020305230826
846091LV00006B/2540
* 9 7 8 2 3 2 9 6 5 3 1 6 7 *